JUEGOS DIDÁCTICOS

Colección dirigida porJean-Luc Caron

Juegos para ejercitar la

lógica

Sandra Lebrun
Ilustraciones de Patrick Chenot

terapiasverdes

ÍNDICE

Presentación

En esta obra, el niño entrenará su inteligencia lógica resolviendo 50 enigmas que se basan en secuencias, rompecabezas, deducciones, laberintos..., a la vez que le permiten descubrir «fragmentos de la historia»: hombres prehistóricos, civilizaciones antiguas, pueblos antiguos, etc.

Este cuaderno pretende suscitar el interés del niño y proporcionarle agradables momentos de investigación y descubrimiento. Mientras realiza las investigaciones, el niño tendrá que:

- colocarse en situación de lector activo y buscar información en textos, planos o imágenes;
- aguzar la curiosidad y las ganas de aprender;
- estimular la imaginación, la reflexión y la capacidad de deducción.

Para resolver un enigma, el niño puede apoyarse en dos o tres pistas, que le permitirán emitir o rechazar hipótesis. Cuando el niño piense que lo ha resuelto, deberá trasladar su respuesta a la página de «Misterio resuelto». Una vez realizados todos los enigmas de la misma serie, podrá descubrir la clave del misterio y comprobar así sus respuestas.

Para cada enigma, la respuesta explicada está escrita «al revés» en la parte inferior de la página.

Consejos de utilización

Si no quieres seguir el orden de la obra de manera lineal, tienes que consultar el índice, elegir un tema y resolver sucesivamente todos los enigmas que corresponden a una página de «Misterio resuelto».

Procura que el niño tenga una actitud real de investigación para descubrir la respuesta, sin intentar adivinarla leyendo el texto de la parte inferior de la página escrito al revés.

A algunos niños, les gusta resolver solos los enigmas, otros prefieren compartir este momento. Si el niño te lo pide, juega con él, apórtale una ayuda, estimúlalo si es necesario, pero déjale descubrir la repuesta por sí mismo. Es importante que los enigmas se consideren como un juego y no como un ejercicio obligatorio que hay que realizar.

Así es como funciona tu cuaderno. Observa bien...
¡Después ayúdanos a resolver los 50 enigmas!

El **texto** y la **ilustración** ponen el decorado y dan la información útil para resolver el enigma.

Esta es la página del **«Misterio resuelto»**. Las respuestas que traslades aquí te permitirán resolver un último misterio.

23 POCIÓN MÁGICA

Han herido al jefe del pueblo galo durante una batalla. Para curarlo, el druida tiene que preparar una poción a toda prisa. Empieza por leer su lista de ingredientes: MUÉRDAGO – PIEDRAS – TIERRA – ACEBO – HOJA – ... Pero la página se ha roto.
En tu opinión, ¿cuál es el último ingrediente que tiene que añadir entre los que están disponibles en la estantería?

MUÉRDAGO
PIEDRAS
TIERRA
ACEBO
HOJA

1. RAMA
8. UVA
6. MADERA
4. PELOS
3. CANGREJO
5. BABA
7. HIERBA
2. HUESO
9. MANZANA

¿Cuál es lógicamente el último ingrediente de esta receta?
El último ingrediente es el que lleva la etiqueta número:

1. La rama habría podido sustituir a la hoja.
2. Cuenta las letras de los ingredientes.

Página 35, tacha la cifra que has encontrado.

31

GRANDES EXPLORADORES

MISTERIO RESUELTO ENIGMAS 27 a 33

Los vikingos eran famosos por ser unos grandes marinos, pero no solamente por esto... ¡Sabes qué otro nombre se les daba!

Para descubrirlo, completa esta cuadrícula copiando en la línea correcta las palabras de los enigmas 27 a 33. Aparecerá la palabra verticalmente, en las casillas coloreadas.

Los vikingos también reciben el nombre de _____

43

La lupa realza la pregunta del enigma.

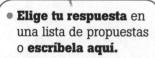

- **Elige tu respuesta** en una lista de propuestas o **escríbela aquí.**

- **Traslada tu respuesta** a la página indicada para resolver el misterio.

Si no encuentras la clave del enigma, estas **pistas** te indicarán el camino.

Puedes **comprobar la respuesta** aquí, dando la vuelta al cuaderno.

5

ENIGMA 1 · PIEDRAS TALLADAS

Antes de salir de caza, Ronchon prepara las flechas. Talla y talla la piedra…, hasta obtener una punta de flecha.

Observa estas imágenes y pon las etapas en el orden correcto.

¿**C**uáles son las etapas para tallar esta piedra?

Las etapas, por orden, son: F, C, A, B, D, E.

Página 13, colorea de rojo todas las zonas que contienen la última letra de tu respuesta al enigma.

PISTAS
1. Antes de empezar, el hombre elige las piedras.
2. El tamaño de la piedra te ayudará a ordenar las etapas.

Respuesta: Las etapas por orden son F, C, A, B, D y E.
Página 13, colorea de rojo las zonas que contienen la letra E.

¡EXTRAÑO, EXTRAÑO!

Al reconstruir esta escena de la prehistoria, el museo ha cometido algunos errores. Presta atención y encuentra lo que no existía en aquella época.

¿**C**uántos anacronismos encuentras? Rodéalos con un círculo en la imagen y después completa la frase.

Hay ___ elementos que no deberían estar en esta escena.

Página 13, colorea de verde todas las zonas que contienen la cifra de tu respuesta.

PISTAS
1. ¿Un objeto que genera electricidad está bien situado aquí?
2. Observa al personaje del centro: lleva un objeto más bien moderno en la cara...

Respuesta: Hay 6 anacronismos: grifo, aerogenerador, reloj, libro, gorra y gafas.

MANOS DE COLOR

En las paredes de algunas cuevas, se han encontrado manos dibujadas por las personas de la prehistoria. Una parte de estas manos se ha reproducido en este sudoku… Pero no está terminado. Para completar el sudoku, las manos de los 4 colores tienen que figurar en cada línea, en cada columna y en cada uno de los 4 cuadrados de 4 casillas. Colorea las manos blancas.

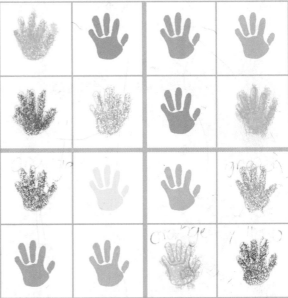

¿**D**e qué color es la última mano de la última fila?

La última mano está pintada de ___naranja___.

Página 13, colorea del color de tu respuesta al enigma todas las zonas con la cifra 1.

PISTAS

1. La mano de la primera fila es de color amarillo.
2. La primera mano de la segunda fila es azul.

HUESOS Y PIEDRAS

Ronchon ha trabajado bien, ha tallado piedras y huesos durante todo el día. Unas veces, ha tardado una hora para realizar una herramienta, otras veces, dos…

Busca el valor del tiempo de cada objeto, sabiendo que Ronchon nunca tarda más de cinco horas. Escribe estos valores en los círculos de color.

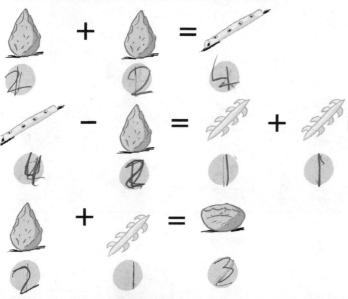

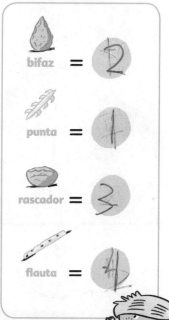

bifaz = 2

punta = 1

rascador = 3

flauta = 4

¿**A**cuántas puntas de arpón es igual un rascador?

Un rascador corresponde a ___*flauta*___ puntas de arpón.

Página 13, colorea de azul todas las zonas con la cifra de tu respuesta al enigma.

1. Para realizar una punta de arpón, ha tardado una hora.
2. Para realizar una flauta, tarda dos veces más tiempo que para un bifaz.

Respuesta: Un rascador corresponde al número 3, o sea a 3 puntas de arpón (Ronchon tarda 3 horas para realizar un rascador). Un bifaz corresponde al número 2 (o sea a 2 horas de realización). Una flauta corresponde al número 4 (o sea a 4 horas de realización).

9

ALREDEDOR DEL FUEGO

Todo el mundo está muy ocupado en esta tribu… Cuatro de estos personajes realizan una tarea muy concreta.

Observa su posición y devuelve a cada uno su accesorio. (Escribe el número adecuado en cada bola de color.)

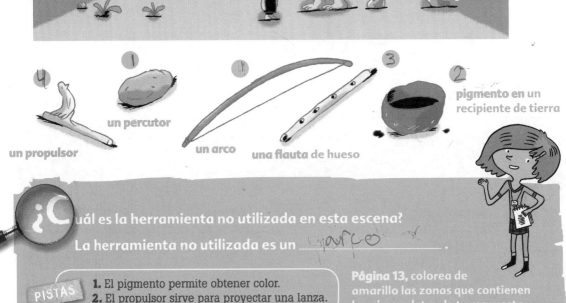

un propulsor

un percutor

un arco

una flauta de hueso

pigmento en un recipiente de tierra

¿Cuál es la herramienta no utilizada en esta escena?

La herramienta no utilizada es un _____arco_____

PISTAS
1. El pigmento permite obtener color.
2. El propulsor sirve para proyectar una lanza.

Página 13, colorea de amarillo las zonas que contienen la primera letra de tu respuesta.

Respuesta: El arco es la única herramienta que no se utiliza en esta escena. (1. El percutor sirve para tallar, 2. el recipiente para pintar, 3. la flauta para tocar, 4. el propulsor para proyectar la lanza.)

TALLER DE COSTURA

Scrougna se ha confeccionado un bonito vestido con pieles de animales. A esta despistada, le gustaría mucho reproducirlo para regalárselo a su prima, pero lo ha mezclado todo… ¿Puedes ayudarla?

Observa estas pieles de animales y coloca las piezas adecuadas en el lugar adecuado del personaje para reconstruir un vestido completo. También puedes escribir los números en el vestido o dibujar las piezas en la silueta de la prenda.

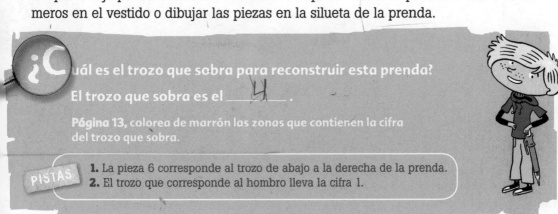

¿**C**uál es el trozo que sobra para reconstruir esta prenda?

El trozo que sobra es el ____4____ .

Página 13, colorea de marrón las zonas que contienen la cifra del trozo que sobra.

PISTAS
1. La pieza 6 corresponde al trozo de abajo a la derecha de la prenda.
2. El trozo que corresponde al hombro lleva la cifra 1.

EL DESEO DE GRAN SAPIÓN

Pobre Gran Sapión, siempre corriendo por montes y valles… Escribe en las líneas la inicial de cada dibujo y descubre lo que dice este personaje.

Cuando se
invente el bici
sera menos
cansador!

¿De qué invento habla Gran Sapión?

Gran Sapión habla de la _bicicleta_.

Página 13, colorea de rosa las zonas que contienen la primera letra de tu respuesta.

Respuesta: «¡Cuando se invente la bici, será menos cansador!». Gran Sapión habla de la bicicleta.

12

PINTURA RUPESTRE

Equipado con su caña, con los dedos manchados, Gran Sapión ha acabado de proyectar los pigmentos de colores en la pared de la cueva. ¡Está muy orgulloso de su obra!

Para descubrir lo que ha pintado, colorea las zonas según las indicaciones y las respuestas que has encontrado en los enigmas 1 a 7.

Respuesta: Se ve a Gran Sapión perseguido por un mamut. (Las zonas que tienen una E deben colorearse de rojo, las que tienen un 6 de verde, las que tienen un 1 de naranja, las que tienen un 3 de azul, las que tienen una A de amarillo, las que tienen un 4 de marrón y las que tienen una B de rosa.)

13

PIRÁMIDE CON AGUJEROS

Los trabajadores han avanzado mucho en la construcción de la pirámide e incluso han tenido tiempo de añadir unas inscripciones.

El número escrito en cada piedra corresponde siempre a la suma de los números de las dos piedras que hay justo debajo. Completa esta pirámide.

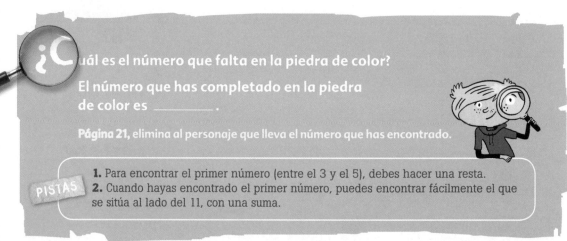

¿**C**uál es el número que falta en la piedra de color?

El número que has completado en la piedra de color es _____ .

Página 21, elimina al personaje que lleva el número que has encontrado.

PISTAS
1. Para encontrar el primer número (entre el 3 y el 5), debes hacer una resta.
2. Cuando hayas encontrado el primer número, puedes encontrar fácilmente el que se sitúa al lado del 11, con una suma.

14

TODO ENREDADO

La momia ha salido del sarcófago… Mientras se paseaba, ha perdido una venda.
Si tira de uno de los dos extremos, ¿cuántos nudos se formarán?

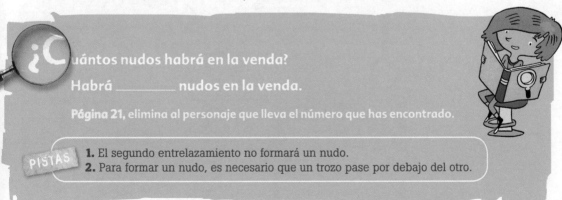

¿Cuántos nudos habrá en la venda?

Habrá _____ nudos en la venda.

Página 21, elimina al personaje que lleva el número que has encontrado.

PISTAS
1. El segundo entrelazamiento no formará un nudo.
2. Para formar un nudo, es necesario que un trozo pase por debajo del otro.

ZIZANIE ENTRE LAS MOMIAS

¡**El** paseo ha terminado! Ha llegado el momento de volver a tumbarse…
Lee lo que dicen estas momias y descubre a cuál de ellas corresponde el sarcófago.
Solo una dice la verdad, todas las demás mienten.

¡ES MI SARCÓFAGO!

MI VECINA SIEMPRE MIENTE.

¡ESTE SARCÓFAGO ES MÍO!

MIS VECINAS NUNCA MIENTEN.

YO DUERMO AQUÍ DESDE SIEMPRE Y ELLA MIENTE.

¿A qué momia pertenece este sarcófago?

El sarcófago pertenece a la momia número: _____ .

Página 21, elimina al personaje que lleva el número que has encontrado.

PISTAS

1. Recuerda: cuando una momia dice la verdad, lo que dicen las demás siempre tiene que ser falso. ¡Comprueba bien que siempre ocurre así!
2. Lo que dice la segunda momia no es posible, porque el sarcófago solo pertenece a una momia.
3. La primera momia miente.

EL EMBALSAMADOR AGOBIADO

El faraón ha muerto. El embalsamador tiene que prepararlo para la momificación. Pero, antes de nada, debe recuperar en el laberinto todos los ingredientes que lo ayudarán a embalsamar al faraón.

¿Qué camino tiene que tomar para salir del laberinto después de recoger un máximo de elementos, sin pasar nunca dos veces por el mismo lugar?

¡Atención!, hay que seguir siempre una serie de 6 ingredientes en este orden: plantas aromáticas, ungüentos, pez, aceite, canela y, finalmente, sal.

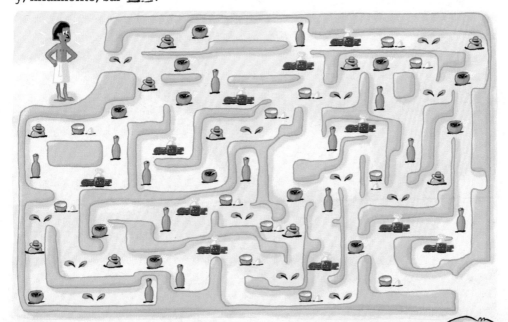

¿Cuántos ingredientes puede recoger el embalsamador como máximo?

El embalsamador puede recoger como máximo
_____ ingredientes

PISTAS

1. Puede recoger más de 20.
2. No puede recoger más de 30.

Página 21, elimina al personaje que lleva el número que has encontrado.

EN EL NILO

Una falúa desciende tranquilamente por el Nilo… Pero, ¿qué pasará si se produce una crecida? Por el momento, el nivel del agua está en el segundo barrote de la pequeña escalera. Cada barrote está separado 10 cm. Con una crecida del Nilo, el agua puede subir 5 cm en 1 hora.

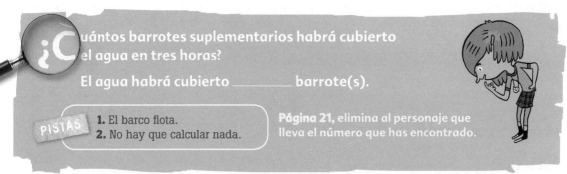

¿Cuántos barrotes suplementarios habrá cubierto el agua en tres horas?

El agua habrá cubierto _____ barrote(s).

PISTAS

1. El barco flota.
2. No hay que calcular nada.

Página 21, elimina al personaje que lleva el número que has encontrado.

Respuesta: El agua habrá cubierto 0 barrotes suplementarios. Sea cual sea el nivel del Nilo, el barco flota y, por lo tanto, el agua llegará siempre al mismo nivel.

PAPIRO CODIFICADO

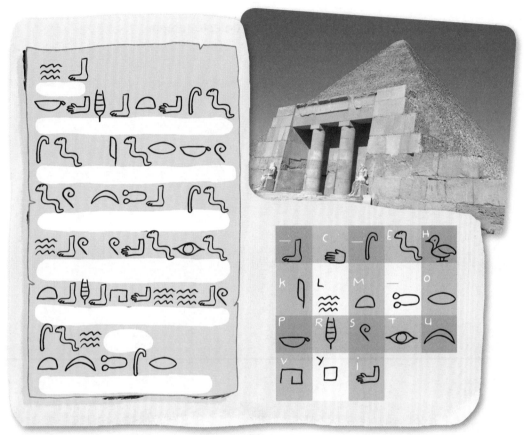

El escriba ha terminado de redactar su papiro.

Para comprender lo que está escrito en este papiro, utiliza la tabla de descodificación. Atención, ¡esta tabla no está completa! Busca las letras que faltan.

¿C **uál es el número escrito en el mensaje del papiro?**

El número escrito en este mensaje es el: _____.

1. La primera palabra es «La».
2. Se puede leer el nombre «Keops».

Página 21, elimina al personaje que lleva el número que has encontrado.

DE CARTUCHO EN CARTUCHO

El tallador ha empezado a decorar la fachada de este templo.
Continúa tú, respetando la sucesión lógica.

¿**C**uántas serpientes hay que esculpir en el último cartucho?

En el último cartucho, hay que esculpir _____ serpientes.

Página 21, elimina al personaje que lleva el número que has encontrado.

PISTAS
1. Las serpientes están una vez de cada dos del derecho.
2. Para pasar del primer cartucho al segundo, el grabador ha añadido 3 serpientes.

Respuesta: Las serpientes se suceden del derecho y después del revés. El grabador añade una vez 3 serpientes y después elimina 2 en el cartucho siguiente. Por lo tanto, en el último cartucho, habrá que esculpir 5 serpientes del derecho.

EL HIJO DEL FARAÓN

Ramsés ya no es un niño, por fin podrá salir y descubrir la vida del exterior del palacio.
Decide visitar el mercado, pero quiere pasar desapercibido para pasearse tranquilamente...

Para encontrarlo, tacha los personajes que llevan el número que has encontrado en las respuestas de los enigmas 8 a 14.

Ramsés lleva el número: _____ .

Respuesta: El personaje que lleva el número 15 es Ramsés, el hijo del faraón Seti I.

21

LANZADOR DE JABALINA

Para superar esta prueba de jabalina, el atleta tiene que totalizar 25 puntos. Su primer lanzamiento ha llegado a la casilla de 6 puntos. El segundo lanzamiento tiene que llegar a una casilla amarilla y el tercero a una casilla naranja. No puede alcanzar dos casillas que estén una al lado de la otra y las jabalinas no pueden estar en la misma casilla.

¿Dónde tiene que lanzar el atleta las dos jabalinas?

¿Cuáles son los números de las dos casillas a las que tiene que apuntar?

El atleta tiene que apuntar a la casilla _____ y a la casilla _____ .

Página 27, pinta las casillas que contienen los números de tu respuesta al enigma.

PISTAS
1. Empieza por restar los puntos del primer lanzamiento del total de puntos.
2. Tienes que encontrar dos números que no se toquen y cuya suma sea 19.

Respuesta: El atleta tiene que apuntar a la casilla 8 y a la casilla 11.

Mosaico antiguo

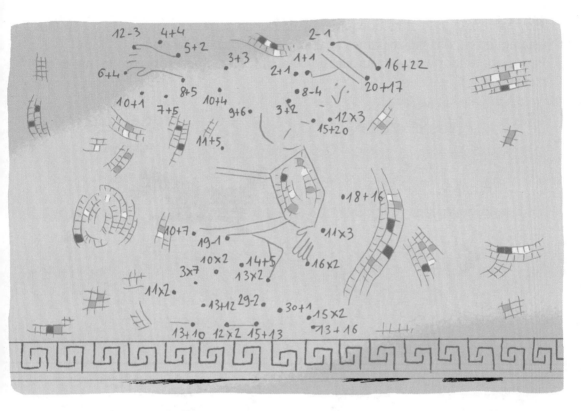

12−3 4+4
5+2
3+3
6+4
8+5 10+4
10+1 7+5
9+6
11+5
2−1
1+1
2+1
16+22
20+17
8−4
3+2
12×3
15+20
18+16
10+7
19−1
11×3
10×2 14+5
3×7 13×2
16×2
11×2
13+12 29−2 30+1
15×2
13+10 12×2 15+13 13+16

Este mosaico se realizó para glorificar a los atletas. Pero, por el momento, es difícil de reconocer…
Para descubrir la escena que representa, calcula y une los puntos por orden creciente de los resultados.

¿**C**uál es el resultado del último punto unido en el mosaico?

El último punto que hay que unir tiene un total de _____.

1. El punto de partida es 2 − 1.
2. El punto siguiente es 1 + 1.

Página 27, pinta las casillas que contienen el resultado de tu respuesta al enigma.

Respuesta: En el mosaico, está representado un lanzador de disco. El último punto que hay que unir tiene un total de 38.

23

CARRERA DE CARROS

Hoy ha venido todo el mundo para aplaudir en la carrera de carros, pero, con toda esta agitación, ¡los participantes acaban por decir cualquier cosa!

Para comprender esta escena, devuelve a cada personaje el bocadillo que le corresponde.

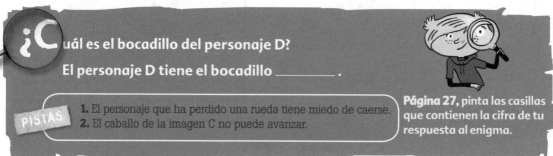

¿Cuál es el bocadillo del personaje D?

El personaje D tiene el bocadillo _____ .

PISTAS
1. El personaje que ha perdido una rueda tiene miedo de caerse.
2. El caballo de la imagen C no puede avanzar.

Página 27, pinta las casillas que contienen la cifra de tu respuesta al enigma.

Respuesta: El personaje D tiene el bocadillo 1. (A se asocia a 4, B a 3 y C a 2.)

Enigma

18

EL PLANO CORRECTO

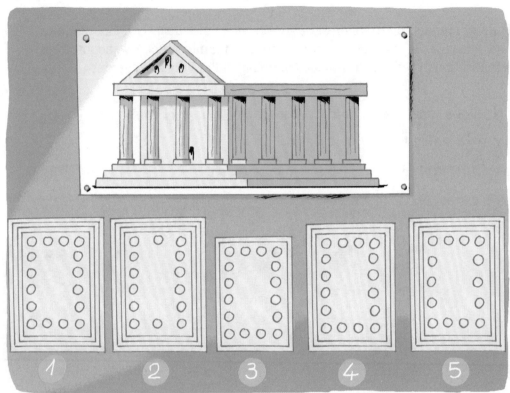

1   2   3   4   5

La carrera de carros ha terminado. La recompensa está bien guardada en el templo de Artemisa.

Para ir a buscar este premio, los vencedores tienen que elegir el plano que corresponde exactamente al templo del dibujo. Pero, ¿cuál? Observa bien el modelo en relieve y encuentra el plano adecuado (no tengas en cuenta el frontón).

¿**C**uál es el plano que corresponde a este templo?

Es el plano _____ .

PISTAS
1. Cuenta las columnas.
2. Imagina el número de peldaños que tendrás que bajar para llegar al suelo.

Página 27, pinta las casillas que contienen la cifra de tu respuesta al enigma.

Respuesta: Es el plano 4.

ENIGMA 19 · LLAMA OLÍMPICA

Todo el mundo quiere tener el honor de ser el que lleve la llama olímpica para encender la gran antorcha que arderá durante todos los juegos. Para descubrir quién será el afortunado, sigue las indicaciones siguientes:

> No lleva cinta en el pelo, va descalzo, no es el más alto y está entre otros dos atletas.

| 1 | 2 | 3 | 4 | 5 | 6 |

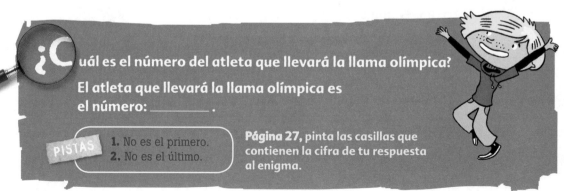

¿Cuál es el número del atleta que llevará la llama olímpica?

El atleta que llevará la llama olímpica es el número: _____ .

PISTAS
1. No es el primero.
2. No es el último.

Página 27, pinta las casillas que contienen la cifra de tu respuesta al enigma.

Respuesta: El atleta que llevará la llama olímpica es el número 3.

UN LUGAR FAMOSO

Todos los atletas se han citado en el estadio para la entrega de las medallas, en el centro de un bosque de olivos.
¿Sabes dónde se encuentra este lugar?

Para descubrirlo, pinta de negro las casillas donde se sitúan los números de las respuestas que has encontrado en los enigmas 15 a 19. Las letras que han quedado en un cuadro blanco te darán el nombre de este lugar.

Este lugar se llama: _____.

Respuesta: Olimpia (en Grecia). Hay que pintar de negro las casillas 8, 11, 38, 1, 4 y 3.

27

BOLAS DE MUÉRDAGO

🍂 = hoja de árbol   🌿 = rama de muérdago

El druida ha enviado a los aldeanos a buscar muérdago. Ahora que está delante del bosque, tiene que cortar las ramas de muérdago.

Las cifras indican cuántas ramas de muérdago han crecido alrededor de cada tronco. Una rama de muérdago no puede tocar a otra rama de muérdago. Las hojas representan las zonas que no pueden estar ocupadas por el muérdago.

Ayuda a los aldeanos galos a encontrar el emplazamiento de las otras ramas de muérdago dibujando en los círculos las hojas y el muérdago (o escribiendo H para las hojas y M para el muérdago).

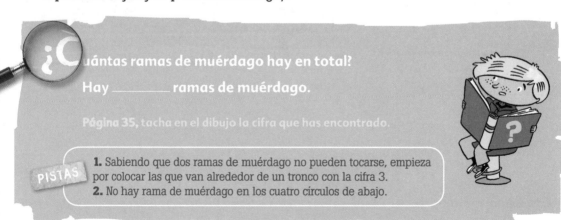

¿**C**uántas ramas de muérdago hay en total?

Hay _____ ramas de muérdago.

Página 35, tacha en el dibujo la cifra que has encontrado.

PISTAS

1. Sabiendo que dos ramas de muérdago no pueden tocarse, empieza por colocar las que van alrededor de un tronco con la cifra 3.
2. No hay rama de muérdago en los cuatro círculos de abajo.

Respuesta: Hay 7 ramas de muérdago (3 en la 4.ª línea y 4 en la 7.ª línea).

UNA RECETA EQUILIBRADA

ENIGMA 21

El druida ha descubierto una nueva receta: parece ser que rejuvenece. Pero atención, ¡si se equivoca en la cantidad de los ingredientes, puede hacer envejecer! Para que funcione bien, tiene que haber el mismo peso en cada bandeja de la balanza.

Observa y después dibuja las hojas de laurel que faltan en la última balanza.

En la última balanza, ¿cuántas hojas de laurel tiene que añadir el druida a la segunda bandeja para encontrar el equilibrio?

Tiene que añadir _____ hojas de laurel.

Página 35, tacha la cifra que has encontrado.

1. Una hoja de laurel pesa la mitad del peso de una cabeza de ajo.
2. Una cabeza de ajo pesa la mitad del peso de una piña de pino.

El druida tiene que añadir 4 hojas de laurel en la balanza.
como 2 hojas de laurel; por lo tanto, una piña de pino pesa tanto como 4 hojas de laurel.
Respuesta: Un piña de pino pesa tanto como 2 cabezas de ajo; una cabeza de ajo pesa tanto

TONEL EN PEDAZOS

El buey de este granjero ha destrozado el tonel del tabernero. Si no quiere que lo castiguen, debe ayudar a repararlo…

Busca tú también las piezas correctas para poder pegarlas.

¿Qué pieza no pertenece a este tonel?

El trozo _____ no pertenece a este tonel.

PISTAS
1. La pieza 9 encaja entre las piezas 2 y 7.
2. La pieza 11 encaja con la pieza 8.
3. La pieza 3 se une a la pieza 2.

Página 35, tacha la cifra que has encontrado.

Respuesta: El trozo 10 no pertenece a este tonel.

POCIÓN MÁGICA

Han herido al jefe del pueblo galo durante una batalla. Para curarlo, el druida tiene que preparar una poción a toda prisa. Empieza por leer su lista de ingredientes: MUÉRDAGO – PIEDRAS – TIERRA – ACEBO – HOJA – … Pero la página se ha roto.

En tu opinión, ¿cuál es el último ingrediente que tiene que añadir entre los que están disponibles en la estantería?

MUÉRDAGO
PIEDRAS
TIERRA
ACEBO
HOJA

1. RAMA
8. UVA
6. MADERA
4. PELOS
3. CANGREJO
5. BABA
7. HIERBA
2. HUESO
9. MANZANA

¿Cuál es lógicamente el último ingrediente de esta receta?

El último ingrediente es el que lleva la etiqueta número: _____ .

PISTAS
1. La rama habría podido sustituir a la hoja.
2. Cuenta las letras de los ingredientes.

Página 35, tacha la cifra que has encontrado.

Respuesta: El primer ingrediente tiene 8 letras, el segundo tiene 7, el tercero tiene 6 y así sucesivamente. Por lo tanto, el último ingrediente es la uva; ¡lleva la etiqueta número 8.

ORIGEN DEL CENTURIÓN

El centurión es un soldado enemigo de los galos.

Para descubrir de dónde viene este centurión, lee bien cada frase y junta las letras encontradas.

1. La primera letra está en la REGIÓN, pero no en la LEGIÓN.

2. La segunda letra está en ROMA pero no en ARMA.

3. La tercera letra está en MALO pero no en PALO.

4. La cuarta letra está en CAMPO y en LATÍN.

5. La quinta letra está dos veces en ENANO pero una sola vez en NARIZ.

6. La última letra está en MIEDO, pero no en MIEDICA.

¿**D**e dónde viene este centurión? Escribe las letras por orden.

Este centurión es un _____.

Página 35, identifica la primera letra de tu respuesta y busca el número correspondiente a su lugar en el orden alfabético, después táchala.

PISTAS

1. Para la primera pista, tacha las letras comunes progresivamente.

2. Para la cuarta pista, identifica la única letra común.

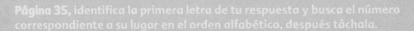

PASEO CON BALADA

El bardo es un músico galo. Tocando la lira, ha sembrado sus notas de música a lo largo de todo su paseo.

Ayúdalo a recuperarlas. Tienes que respetar esta sucesión de notas: ♫ ♩ ♫ ♩; ¡no puedes cruzar nunca un camino por el que ya hayas pasado, ni pasar dos veces por el mismo camino, ni volver atrás!

Trazando el camino, se formará una cifra.

¿**Q**ué cifra está representada por el camino que has trazado?

El camino dibuja la cifra _____ .

> **PISTAS**
> **1.** En el primer cruce, continúa recto.
> **2.** En el segundo cruce, gira a la derecha.

Página 35, tacha la cifra que has encontrado.

¡RUEDA!

Las ruedas se emplean para construir carros. Pero las dos últimas ruedas son inutilizables: ¡faltan los radios!

Busca la sucesión lógica de estos radios pasando de una rueda a otra y trázalos.

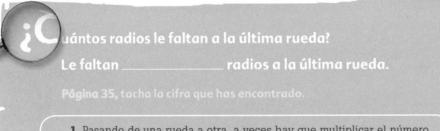

¿Cuántos radios le faltan a la última rueda?

Le faltan _____ radios a la última rueda.

Página 35, tacha la cifra que has encontrado.

PISTAS

1. Pasando de una rueda a otra, a veces hay que multiplicar el número de radios por dos.
2. Pasando de una rueda a otra, a veces hay que hacer una resta.

$(8 - 2 = 6; 6 \times 2 = 12).$

Respuesta: Le faltan 6 radios a la quinta rueda y 12 radios a la última rueda

EL OBJETO MISTERIOSO

Los guerreros galos regresan de su batalla al lado de su jefe, Vercingetórix. Antes de un descanso bien merecido, guardan sus accesorios en un cofre.

Para descubrir lo que han guardado en este cofre, tacha los números que has encontrado en los enigmas 20 a 26. Después, une los puntos restantes en orden creciente.

Respuesta: El objeto misterioso es un casco con cuernos. (Había que tachar las cifras 7, 4, 10, 8, 18, 2 y 12.)

35

EN EL PUENTE

A bordo de su drakkar para comerciar, los vikingos quieren izar las velas, pero el cordaje está totalmente enredado.

Si se tira de los dos extremos, ¿cuántos nudos se formarán?

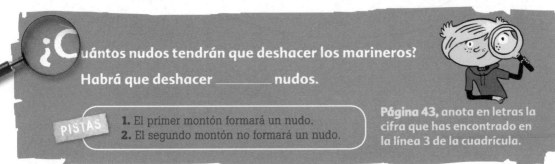

¿**C**uántos nudos tendrán que deshacer los marineros?

Habrá que deshacer _____ nudos.

PISTAS
1. El primer montón formará un nudo.
2. El segundo montón no formará un nudo.

Página 43, anota en letras la cifra que has encontrado en la línea 3 de la cuadrícula.

Respuesta: Habrá que deshacer 3 nudos (nudos 1, 3 y 6).

FONDO DE BODEGA

Erik quiere bajar a la bodega del barco para llevarse los alimentos que necesita el cocinero para preparar la comida.
Ayúdalo a accionar la palanca para levantar la rejilla.

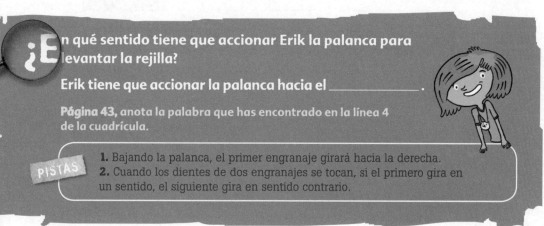

¿En qué sentido tiene que accionar Erik la palanca para levantar la rejilla?

Erik tiene que accionar la palanca hacia el _____ .

Página 43, anota la palabra que has encontrado en la línea 4 de la cuadrícula.

PISTAS

1. Bajando la palanca, el primer engranaje girará hacia la derecha.
2. Cuando los dientes de dos engranajes se tocan, si el primero gira en un sentido, el siguiente gira en sentido contrario.

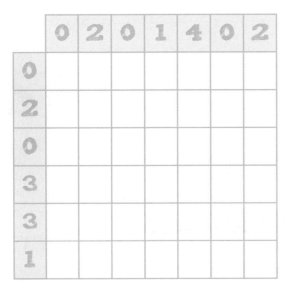

¡AL ABORDAJE!

Los vikingos eran conocidos por ser temibles guerreros. Justamente, se prepara una batalla naval… Los barcos se sitúan estratégicamente.

Coloca bien estos drakkars en el mar con la ayuda de los números. Indican cuántas casillas están ocupadas horizontal o verticalmente por un trozo de barco. Por ejemplo, una columna con el número 0 indica que no hay ningún trozo de barco en esta columna. ¡Atención, dos embarcaciones no pueden tocarse, ni siquiera en diagonal!

SNETTA

DREKI

CCR

SKIR

¿**C**uál es el nombre del drakkar que se encuentra en parte en la última línea horizontal?

Una parte del _____ está en la última línea.

Página 43, anota el nombre del drakkar en la línea 5 de la cuadrícula.

PISTAS

1. Tacha todas las casillas que están en una fila que empiece por 0.
2. Elimina las casillas alrededor de los barcos a medida que los descubras.

38

OLVIDADO EN LA PLAYA

Uno de los valerosos vikingos ha olvidado un objeto en la playa, después de una larga parada de descanso.

Para descubrir el objeto perdido, traza el camino correcto. Empieza por el punto azul y sigue en la cuadrícula las direcciones indicadas por las flechas. ¡Después, lo puedes colorear!

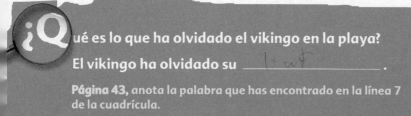

¡Qué es lo que ha olvidado el vikingo en la playa?

El vikingo ha olvidado su _____.

Página 43, anota la palabra que has encontrado en la línea 7 de la cuadrícula.

1. La primera casilla te permite trazar una diagonal hacia arriba en dirección a la derecha.
2. El trazado dibuja un accesorio que llevan los vikingos.

UN FAMOSO VIKINGO

Se ha levantado viento…, y ha mezclado las viñetas de este cómic. Ponlas en el orden correcto e identifica las letras para descubrir el nombre de este vikingo que se convirtió en rey de Noruega.

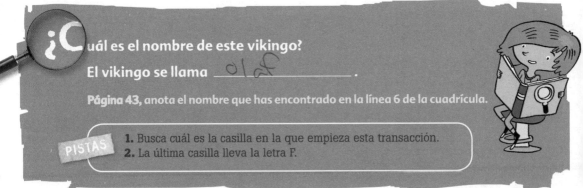

¿Cuál es el nombre de este vikingo?

El vikingo se llama ___Olaf___.

Página 43, anota el nombre que has encontrado en la línea 6 de la cuadrícula.

PISTAS
1. Busca cuál es la casilla en la que empieza esta transacción.
2. La última casilla lleva la letra F.

Respuesta: El vikingo se llama Olaf. Olaf II (o san Olaf) fue un vikingo antes de acceder al trono de Noruega de 1016 a 1028. Contribuyó en especial al desarrollo del cristianismo en su país.

COLECCIÓN DE DRAGONES

Este escultor de cabezas de drakkars tiene toda una colección de dragones para inspirarse.

Observa estos tres estantes que contienen huevos de dragones. Entre los 4 huevos del armario de la derecha, ¿cuál debe completar el tercer estante?

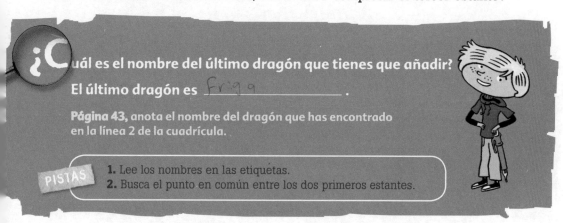

¿Cuál es el nombre del último dragón que tienes que añadir?

El último dragón es ___Frigg___.

Página 43, anota el nombre del dragón que has encontrado en la línea 2 de la cuadrícula.

PISTAS

1. Lee los nombres en las etiquetas.
2. Busca el punto en común entre los dos primeros estantes.

¡AY!

El gran barbudo no parece muy contento. Pero, ¿qué le dice al vikingo bajito? Para comprender lo que ocurre, descodifica lo que ha escrito en el bocadillo del gran vikingo.

¡EMEI AHASE DAPLASI FTAX IDOT OELN MPIEI!

i_____ !

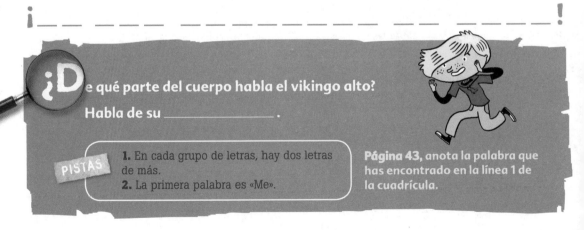

¿**D**e qué parte del cuerpo habla el vikingo alto?

Habla de su _____ .

PISTAS
1. En cada grupo de letras, hay dos letras de más.
2. La primera palabra es «Me».

Página 43, anota la palabra que has encontrado en la línea 1 de la cuadrícula.

(Basta con suprimir las letras primera y última de cada grupo de letras.)
Respuesta: «¡Me has aplastado el pie!». Habla de su pie.

GRANDES EXPLORADORES

Los vikingos eran famosos por ser unos grandes marinos, pero no solamente por esto... ¿Sabes qué otro nombre se les daba?

Para descubrirlo, completa esta cuadrícula copiando en la línea correcta las palabras de los enigmas 27 a 33. Aparecerá la palabra verticalmente, en las casillas coloreadas.

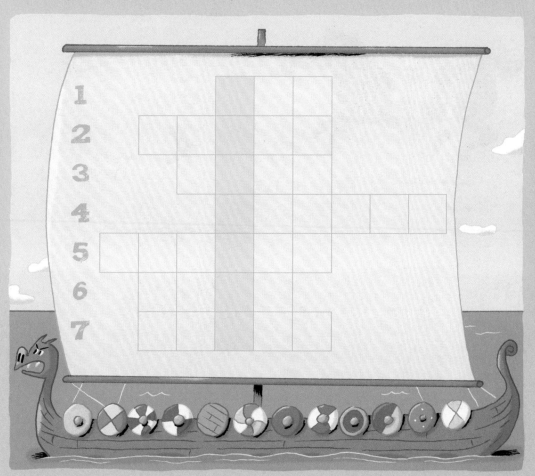

Los vikingos también reciben el nombre de _____ .

LA GRAN CARRERA

Un rey les dice a sus dos hijos: «Aquel cuyo caballo llegue el último al gran manzano recibirá mi corona». De inmediato, los dos hijos se precipitan al establo y corren lo más deprisa posible hasta el gran manzano.
¿Qué ha ocurrido?

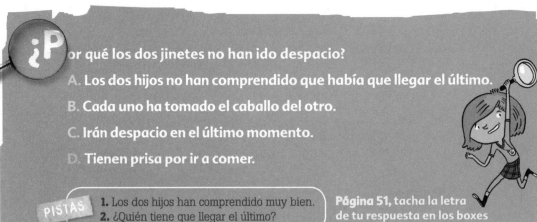

¿**P**or qué los dos jinetes no han ido despacio?

A. Los dos hijos no han comprendido que había que llegar el último.

B. Cada uno ha tomado el caballo del otro.

C. Irán despacio en el último momento.

D. Tienen prisa por ir a comer.

PISTAS
1. Los dos hijos han comprendido muy bien.
2. ¿Quién tiene que llegar el último?

Página 51, tacha la letra de tu respuesta en los boxes de los caballos.

Respuesta: La respuesta B es la explicación correcta. El rey ha dicho claramente «aquel cuyo caballo llegue el último». El primer hijo ha tomado el caballo de su hermano para que este caballo llegue el primero. De esta manera, su propio caballo llegará el último y habrá ganado la corona. ¡El segundo hermano ha tenido la misma idea!

ENIGMA 35 — LAS TIERRAS DEL REINO

Tres campesinos van a ver al rey. Quieren repartirse el ganado y los árboles de manera equitativa. ¿Puedes ayudar al rey?

Hay que trazar dos rectas que vayan de una estaca a otra. Las rectas no tienen que cruzarse ni cortar a un animal o un árbol. Al final, cada campesino debe tener una vaca, una gallina, un árbol y una oveja.

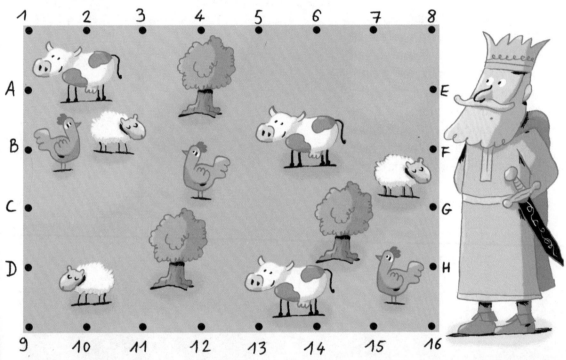

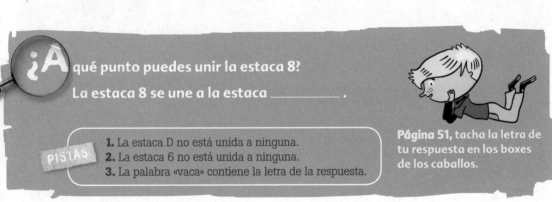

¡A qué punto puedes unir la estaca 8?

La estaca 8 se une a la estaca _____ .

PISTAS
1. La estaca D no está unida a ninguna.
2. La estaca 6 no está unida a ninguna.
3. La palabra «vaca» contiene la letra de la respuesta.

Página 51, tacha la letra de tu respuesta en los boxes de los caballos.

VIGILANTE NOCTURNO

Antes de acostarse, la reina le pide a su vigilante nocturno que la despierte temprano por la mañana. Quiere visitar a su hermana en el pueblo vecino y hay un largo camino que recorrer en carroza. Al día siguiente, el vigilante la despierta y le dice: «Mi reina, no vayáis, tengo un mal presentimiento, ¡he soñado que vuestra carroza sería atacada por unos bandidos!» La reina le responde de inmediato que puede salir del castillo en el acto porque ya no trabajará más para ella.

¿Por qué reacciona así la reina?

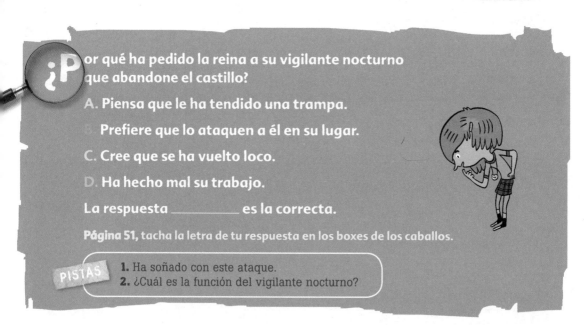

¿Por qué ha pedido la reina a su vigilante nocturno que abandone el castillo?

A. Piensa que le ha tendido una trampa.

B. Prefiere que lo ataquen a él en su lugar.

C. Cree que se ha vuelto loco.

D. Ha hecho mal su trabajo.

La respuesta _____ es la correcta.

Página 51, tacha la letra de tu respuesta en los boxes de los caballos.

PISTAS
1. Ha soñado con este ataque.
2. ¿Cuál es la función del vigilante nocturno?

Respuesta: La respuesta D es la correcta. Si el vigilante nocturno ha soñado, es que se ha dormido en lugar de velar toda la noche delante de la puerta de la reina...

VISTAS DEL CASTILLO

A la reina le gustaría hacer unas obras en el castillo. Busca los planos, pero hay tantos que no se aclara.

Ayúdala a encontrar el plano correcto.

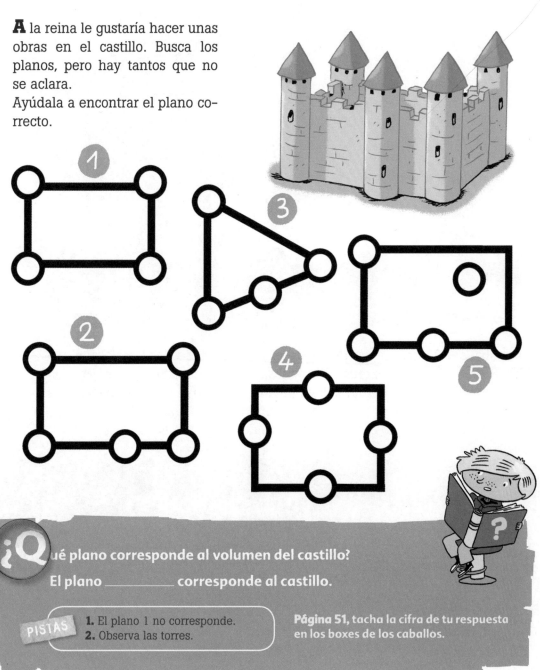

¿Qué plano corresponde al volumen del castillo?

El plano _____ corresponde al castillo.

PISTAS
1. El plano 1 no corresponde.
2. Observa las torres.

Página 51, tacha la cifra de tu respuesta en los boxes de los caballos.

TORNEO DE LANZAS

El caballero Gontran se entrena para el próximo torneo. Ya ha clavado una lanza en el 8. Quiere obtener 23 puntos. La segunda tiene que llegar a un anillo azul y la tercera a un círculo amarillo. Los dos anillos no tienen que estar juntos y las lanzas no deben estar en un mismo anillo.

Busca dónde tiene que clavar Gontran sus dos lanzas.

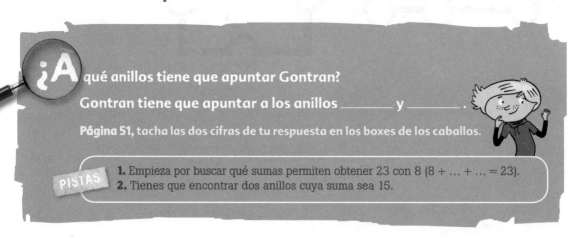

¿**A** qué anillos tiene que apuntar Gontran?

Gontran tiene que apuntar a los anillos _____ y _____ .

Página 51, tacha las dos cifras de tu respuesta en los boxes de los caballos.

PISTAS

1. Empieza por buscar qué sumas permiten obtener 23 con 8 (8 + ... + ... = 23).
2. Tienes que encontrar dos anillos cuya suma sea 15.

Respuesta: Gontran tiene que apuntar a los anillos 9 y 6 (8 + 9 + 6 = 23).

ENIGMA
39

CERRADURAS A PORRILLO

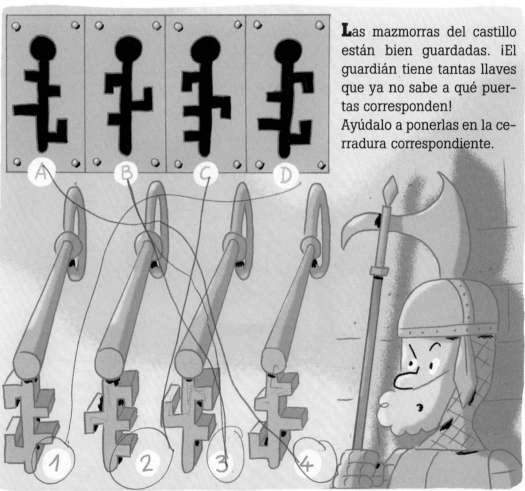

Las mazmorras del castillo están bien guardadas. ¡El guardián tiene tantas llaves que ya no sabe a qué puertas corresponden!
Ayúdalo a ponerlas en la cerradura correspondiente.

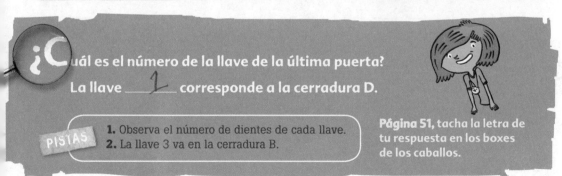

¿Cuál es el número de la llave de la última puerta?

La llave ___1___ corresponde a la cerradura D.

PISTAS
1. Observa el número de dientes de cada llave.
2. La llave 3 va en la cerradura B.

Página 51, tacha la letra de tu respuesta en los boxes de los caballos.

Respuesta: La llave 1 corresponde a la última cerradura (la llave 4 a la cerradura A, la 3 a la cerradura B y la 2 a la cerradura C).

CUADRO DE FAMILIA

¡Qué desgracia! Alguien ha cortado en franjas el magnífico cuadro de familia…, ¡probablemente ha sido el fantasma del castillo!
Ayuda al criado a ponerlos de nuevo en el orden adecuado. Descubrirás entonces el nombre de esta familia gracias a las letras que hay debajo.

TO   IE   UR   CO   IS

¿**C**uál es el nombre de la familia pintada en el cuadro?

Es la familia _____ .

1. El nombre de la familia empieza por la letra C.
2. Observa la forma de las caras y busca la nariz del niño.

Página 51, tacha la sexta letra de tu respuesta en los boxes de los caballos.

Respuesta: El nombre de esta familia es Courtoisie.

EL CABALLO ADECUADO

El joven escudero tiene que sacar el caballo del rey...
Pero no se acuerda en qué box lo puso ayer por la tarde.

Para ayudarlo a encontrar el box correcto, tacha las letras o las cifras que has encontrado en los enigmas 34 a 40. El único box donde te quede una letra o una cifra sin tachar será el del caballo del rey.

El caballo del rey es _____ .

Respuesta: El caballo del rey es Haridelle. (Había que tachar, por orden: B, C, D, 2, 9, 6, 1, 0. Queda el n.° 8.)

51

ENIGMA 41

DRAGÓN EN EL SUELO

El dragón que protegía el templo se ha desmoronado. En su caída, ha arrastrado piedras que estaban en el bloque que le servía de soporte. Para reconstruirlo, hay que saber el número de piedras que han desaparecido. Busca este número.

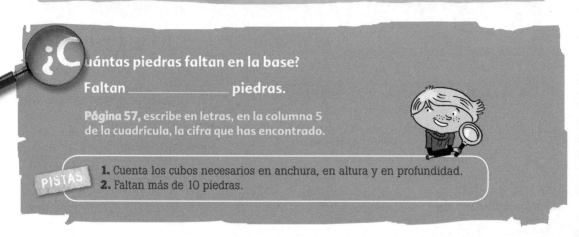

¿**C**uántas piedras faltan en la base?

Faltan _____ piedras.

Página 57, escribe en letras, en la columna 5 de la cuadrícula, la cifra que has encontrado.

PISTAS
1. Cuenta los cubos necesarios en anchura, en altura y en profundidad.
2. Faltan más de 10 piedras.

52

Respuesta: Faltan 13 piedras.

PALILLOS CHINOS

El cocinero se ha divertido con los palillos, pero se ha hecho un lío.
Ayúdalo a hacer posible la operación que ha encontrado desplazando un solo palillo.

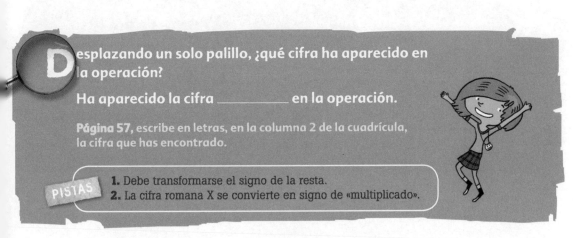

Desplazando un solo palillo, ¿qué cifra ha aparecido en la operación?

Ha aparecido la cifra _____ en la operación.

Página 57, escribe en letras, en la columna 2 de la cuadrícula, la cifra que has encontrado.

PISTAS
1. Debe transformarse el signo de la resta.
2. La cifra romana X se convierte en signo de «multiplicado».

Respuesta: El signo de la resta se transforma en la cifra romana 1. La operación pasa a ser: I X I = I.

53

FAROLILLOS NOCTURNOS

La noche estrellada está llena de manchas de colores. Son los farolillos que iluminan la fiesta… Pero algunos farolillos se han apagado.
Enciéndelos buscando el ritmo de los colores y coloreándolos.

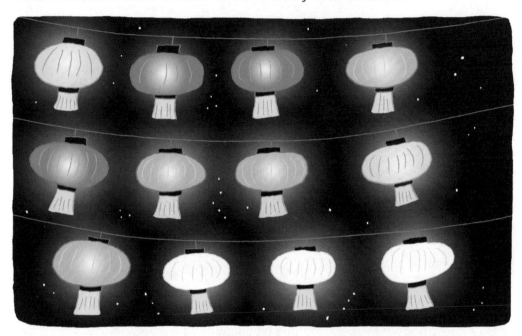

¿De qué color es el último farolillo?

El último farolillo es _____.

Página 57, escribe el nombre del color en la columna 3 de la cuadrícula.

1. El primer farolillo siempre es del color del segundo farolillo de la guirnalda que está justo encima.
2. El color del segundo y el tercer farolillo es el mismo.

medio son amarillos).
colores se suceden y se desplazan hacia la izquierda. Por tanto, el último farolillo es rojo (y los 2 del
de los lugares 2 y 3 pasa al primer lugar. El color del último lugar pasa a los lugares 2 y 3. Todos los
El color situado en 1.er lugar de una guirnalda pasa al último lugar en la guirnalda siguiente. El color
color en 1.er lugar, dos veces el mismo color en los lugares 2 y 3, y después el 3.er color en el lugar 4.
Respuesta: Siempre están los tres colores: amarillo, rojo y verde. El ritmo es siempre el mismo: un

54

GRAN BATALLA

Ha llegado la hora de la gran batalla. Cada guerrero tiene que elegir su arma. Para descubrir el arma del guerrero Deng, lee bien cada frase y junta las letras encontradas.

La primera letra está en la BALA, pero no en la PALA.

La segunda letra está dos veces en LANA pero una sola vez en ÁRBOL.

La tercera letra está en GALÁN pero no en GABÁN.

La cuarta letra está dos veces en VALLE pero una sola vez en BAILE.

La quinta letra está en el centro de las PROEZAS.

La sexta letra está en BASTÓN en SILLA y en SOPLÓN.

La séptima letra está en BOTA pero no en BOLA.

La octava letra está dos veces en PALOMA y tres veces en PATATA.

¿Cuál es el arma de este guerrero?

El arma de este guerrero es una _____.

Página 57, escribe la palabra que has encontrado en la línea 1 de la cuadrícula.

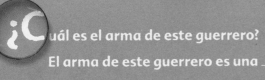

PISTAS

1. La primera letra es la B.
2. La quinta letra está en el centro de la palabra PROEZAS.

Respuesta: El arma de este guerrero es una ballesta. (La B está en bala pero no en pala, la A está dos veces en lana pero 1 sola vez en árbol, etc.)

55

DRAGONES BROMISTAS

Estos dragones son pequeños bromistas: ¡antes de que llegue el guardián, se han divertido mezclando sus cinturones!

Para encontrar el nombre de cada uno, sigue estas indicaciones:

Demenio está entre Damonio y Minio. Daminio es el más pequeño. Deminio y Minio están en los extremos.

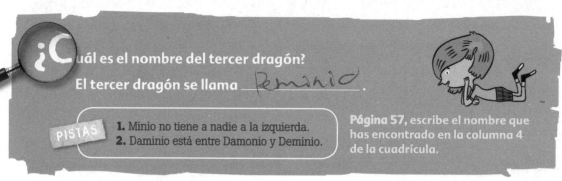

¿Cuál es el nombre del tercer dragón?

El tercer dragón se llama ___Deminio___.

PISTAS
1. Minio no tiene a nadie a la izquierda.
2. Daminio está entre Damonio y Deminio.

Página 57, escribe el nombre que has encontrado en la columna 4 de la cuadrícula.

UNA CONSTRUCCIÓN ENORME

Estos obreros trabajan en la construcción de una fortificación militar. Tardará más de un siglo...

Para descubrir el nombre de este monumento, traslada a la cuadrícula las respuestas que has encontrado en los enigmas 41 a 45 y después observa las letras anotadas en las casillas coloreadas.

Los obreros van a construir: ⬜⬜ **G**⬜⬜ ⬜⬜⬜⬜⬜

Respuesta: Los obreros van a construir la Gran Muralla, en China.
(1. Ballesta – 2. Uno – 3. Rojo – 4. Damonio – 5. Trece.)

57

PIRÁMIDE ESCALONADA

Los obreros mayas que han construido este gran templo solar se han divertido escribiendo cifras, pero no al azar. El número escrito en cada piedra corresponde siempre a la multiplicación de los números de las dos piedras que hay justo debajo.

Completa esta pirámide escalonada.

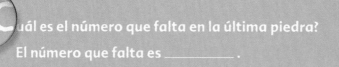

¿**C**uál es el número que falta en la última piedra?

El número que falta es _____ .

Página 63, colorea de marrón las zonas que contienen el número de tu respuesta.

1. Empieza por buscar la última cifra de la segunda fila, con la ayuda de una multiplicación.
2. Para encontrar el resultado de la segunda piedra de la primera fila, puedes hacer una división.

COMBINACIÓN SECRETA

Detrás de la puerta de este templo, se ocultan los secretos de los precolombinos sobre la astronomía. Esta puerta se mantiene bien cerrada por un misterioso mecanismo. Para abrirla, las máscaras tienen que disponerse de manera lógica.

¡Busca entre las 4 de abajo la que tiene que sustituir a la última cabeza para acabar la combinación secreta y rodéala con un círculo!

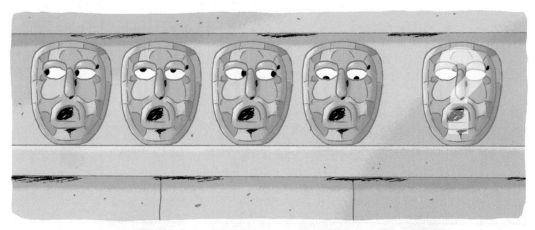

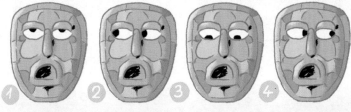

¿**Q**ué máscara hay que utilizar para sustituir a la última cabeza?

Hay que remplazarla por la máscara n.° _____ .

1. Observa la disposición de los ojos.
2. Los ojos de la segunda cabeza están en la misma posición que las agujas de un reloj a mediodía.

Página 63, colorea de naranja las zonas que contienen la cifra de tu respuesta.

Respuesta: Hay que colocar la máscara n.° 2. Los ojos de las máscaras giran en el sentido de las agujas del reloj. La mirada vuelta hacia la izquierda, después hacia arriba, luego hacia la derecha y finalmente hacia abajo. Y vuelta a empezar: la mirada vuelta hacia la izquierda, etc.

59

HISTORIA DE FAMILIA

ENIGMA 48

En medio de la selva, existe un magnífico palacio. Está totalmente cubierto de oro con piedras preciosas incrustadas y tiene unas estatuas impresionantes.

Para saber a quién pertenece este palacio, lee lo que dice este niño:

> En el interior de este palacio, vive la mujer del padre del marido de mi madre.

¿**A** quién pertenece este palacio? Rodea con un círculo la respuesta correcta.

1. A su madre.
2. A su padre.
3. A su abuela.
4. A su tía.

Este palacio pertenece a _____.

PISTAS
1. Este palacio pertenece a una mujer.
2. Este palacio no pertenece a su madre.

Página 63, colorea de amarillo las zonas que contienen la cifra de tu respuesta.

60

Respuesta: Este palacio pertenece a su abuela (paterna).

CALENDARIO SOLAR

Esta pintura mural representa un bonito calendario solar, realizado en México por los mayas hace mucho tiempo. Por desgracia, una parte se ha desprendido.
¿Puedes encontrar el pedazo correcto?

¿Cuál es el pedazo adecuado para completar este fresco?

El pedazo adecuado es el n.° _____ .

 PISTAS

1. El pedazo 1 es demasiado pequeño.
2. El pedazo con la punta rota no es el adecuado.

Página 63, colorea de azul las zonas que contienen la cifra de tu respuesta.

EL COLIBRÍ
DE LOS NAZCAS

En el sur de Perú, existe una representación llamada Colibrí dibujada en el suelo. Pero ocurre una cosa muy extraña: solo se puede ver desde un lugar. Para descubrir este lugar, completa este sudoku: tienes que tener las cuatro letras en cada línea, cada columna y cada cuadrado de cuatro casillas. El lugar ideal aparecerá en diagonal, en las casillas de color.

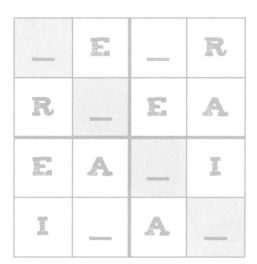

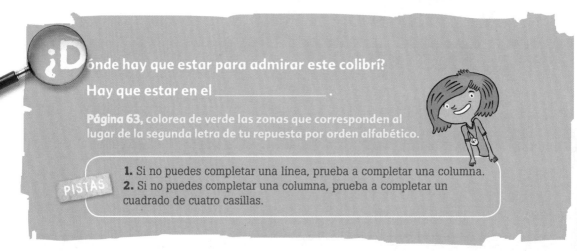

¿Dónde hay que estar para admirar este colibrí?

Hay que estar en el _____.

Página 63, colorea de verde las zonas que corresponden al lugar de la segunda letra de tu repuesta por orden alfabético.

PISTAS

1. Si no puedes completar una línea, prueba a completar una columna.
2. Si no puedes completar una columna, prueba a completar un cuadrado de cuatro casillas.

Respuesta: Hay que estar en el aire para admirar este colibrí dibujado en el suelo.
Línea 1: A – E – I – R. Línea 2: R – I – E – A. Línea 3: E – A – R – I. Línea 4: I – R – A – E.

¿QUÉ SE OCULTA?

En este bosque, se oculta un objeto misterioso. Es a la vez bonito e inquietante, a veces cubierto de jade o de piedras preciosas, pero no deja de ser fascinante.

Para descubrirlo, colorea las cifras que has encontrado en los enigmas 46 a 50 siguiendo las indicaciones dadas.

Se trata de una _____ **inca.**

Respuesta: Es una máscara inca. (Habla que colorear de marrón el 96, de naranja el 2, de amarillo el 3, de azul el 5 y de verde el 9.)

Créditos fotográficos

P. 19: Necrópolis de Guizeh, ante la gran pirámide de Khéops.
BIS / Ph. B. Sonneville © Archives Nathan.

Compaginación: MediaSarbacane
Creación de los personajes: Laurent Audouin
Dirección editorial: Sylvie Cuchin
Edición: Charlotte Aussedat
Relectura: Gérard Tassi

Título original: *S'exercer à la logique*
© Éditions Retz, 2011
Realización: Laser Graphie
© de esta edición: Ediciones Urano, S.A.U.
© de la traducción: Nuria Viver Barri
Impreso por Macrolibros – Valladolid
DL: B-12.647-2018 / ISBN: 978-84-16972-46-3 / E-ISBN: 978-84-17180-97-3